Bibliografische Information der Deutschen Nationalbibliothek:

Die Deutsche Bibliothek verzeichnet diese Publikation in der Deutschen National-
bibliografie; detaillierte bibliografische Daten sind im Internet über http://dnb.d-
nb.de/ abrufbar.

Impressum:

Copyright © 2011 GRIN Verlag
Druck und Bindung: Books on Demand GmbH, Norderstedt Germany
ISBN: 9783668447646

Dieses Buch bei GRIN:

https://www.grin.com/document/358685

Rebecca Myga

Comicdidaktik. Die Lehre durch Bilder

GRIN Verlag

Comicdidaktik

Comics dienen sicher in erster Linie der Unterhaltung. In den verschiedensten Formen wie Abenteuercomics, Spaßcomics oder Actioncomics sind sie bei Jung und Alt als Unterhaltungsmedium beliebt.

Doch in welchen Kontexten können Comics und Bildgeschichten didaktisch verwendet werden?

Die Menschen sind zu Augenmenschen geworden und ein ermüdeter Mensch kann schneller etwas in Bildern aufnehmen, als er es in Textform kann. Diese Erkenntnis lässt sich für die unterschiedlichsten Zwecke nutzen, denn im Prinzip ist jedes Thema offen um es mit Bildern darzustellen, deshalb gibt es viele Möglichkeiten durch Bildgeschichten etwas zu vermitteln.

Sie dienen dabei vorwiegend als Motivation, anschauliche Information, als Ergänzung, Vertiefung, Kontrast, aber auch Lernkontrolle (vgl. Grünewald, 1982, S.61).

Die wichtigsten Bereiche, in denen Comics und Bildgeschichten vermittelnd tätig sein können werden nun im Folgenden anhand von Beispielen vorgestellt.

Im Groben gibt es drei Bereiche in denen Comics didaktisch wirken können.

Als erstes die Vorschulerziehung beziehungsweise Lesen lernen, als zweites die „Lebenshilfe" und als dritter und hauptsächlicher Bereich natürlich den Einsatz im Unterricht (vgl. Fuchs/Reitberger, 1978, S.227 ff).

Dieser Punkt wird noch einmal in die verschiedenen möglichen Fächer aufgeteilt in denen Bildergeschichten benutzt werden können.

Zur Vorschulerziehung lassen sich vor allem Bilderbücher benutzen, wie „Struwwelpeter" und „Max und Moritz". Als erzieherisch wirkender Comic ist das Heft Bussi Bär ein Beispiel.

Struwwelpeter und Max und Moritz können beide mehr oder weniger als eine Art Erziehungsbuch angesehen werden. Doch Kinder gehen an diese Bücher nicht wie an solche heran, sondern sehen nur die hübschen Bilder und die interessanten Geschichten. Unbewusst erzielen diese Bilder in der Kombination mit dem Text eine erzieherische Wirkung, die vermutlich besser funktioniert als wenn mit reinem Text agiert wird und die Kinder nur hören können. Durch die Hinzufügung von Bildern sehen sie was passieren kann, wenn man nicht artig ist.

Bussi Bär ist nicht ein Comic im eigentlichen Sinne, hat jedoch comicähnliche Strukturen und Figuren, die vereinfacht und anschaulich dargestellt sind und teilweise auch durchaus pädagogisch angehaucht sind. Im Bussi Bär Heft ist jeweils ein Comic mit Bussi Bär und Bello abgedruckt sowie eines mit Strubbelpeter und Schnatterliese.

Die Bussi Comics sind stets in Prosa, die Strubbelpeter Geschichten in Reimform geschrieben.

Dabei besteht eine gute Mischung aus spaßigen und verdeckt erzieherischen Anteilen.

Bei diesem Comic besteht die Notwendigkeit, dass die Eltern die Hefte mit ihren Kindern durcharbeiten. Durch dieses Durcharbeiten oder auch das tägliche Vorlesen aus dem Struwwelpeter werden die Kinder an das Lesen herangeführt.

Die Strubbelpetergeschichte ist charakteristisch für einen „Kindercomic" der zum Lesen anreizt. Der Anfang und das Ende der Geschichte ist immer gleich und leicht einprägsam. („Strubbelpeter, Schatterliese, die Geschichte die war diese"). Liest nun der Vorlesende mit dem Finger mit und geht die Zeilen ab, prägt sich beim Kind ein an welchen Stellen im Text dieser prägnante Satz fällt und es lernt es quasi auswendig und spricht mit. Das Gleiche kann auch bei Struwwelpeter oder Max und Moritz passieren. Das Aussehen der Worte wird sich einprägen und der Anreiz zum Selberlesen gegeben, wenn zum Beispiel der Vorlesende selbst mal keine Zeit hat und das Kind trotzdem Lust verspürt die Geschichte „zu hören". Durch die ansprechende Gestaltung mit den Bildern und der großen Schrift fällt dies natürlich sehr viel leichter als wenn man mit reinem Text konfrontiert wird.

Auch können Comics zur Lebenshilfe beitragen. Damit ist gemeint, dass sie in allen Bereichen des Lebens zur Informationsvermittlung genutzt werden können.

Drei Beispiele, die gut zeigen, wie das funktionieren kann sind ein Aufklärungscomic des Grünen Kreuzes, eine „Werbung" für die österreichische Berufsberatung BIZ, und eine Anleitung zum Fotografieren im Dunkeln.

Dies kann man in alle möglichen Bereiche fortsetzen, so haben die Münchener Verkehrsbetriebe mal einen Comic gestaltet in dem sie ihr Fahrkartensortiment erklärt haben.

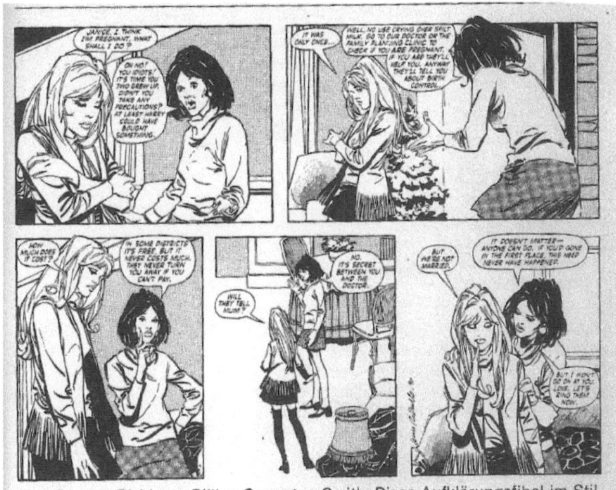

Abbildung 1

Der „Aufklärungscomic" (Abbildung 1) ist im Stil englischer Teenager-Strips gehalten. In fünf schwarz-weißen Panels sind jeweils zwei Frauen zu sehen. Die Frau mit den hellen Haaren befürchtet schwanger zu sein und schaut in jedem der Bilder verzweifelt oder nachdenklich. Die andere, dunkelhaarige Frau gibt ihr den Rat zu einem Arzt zu gehen und abzuklären ob sie wirklich schwanger ist und klärt sie auch darüber auf, dass es nichts kostet und der Arzt ihrer Mutter nichts erzählen wird.

Wir sehen hier ein gutes Beispiel für eine Bildergeschichte wo Bilder genutzt werden um den Text zu unterstreichen. Dabei ist in den Bildern jedoch nicht erkennbar für was hier „Werbung" gemacht wird. Durch beispielsweise ein Panel in dem der Arzt aufgesucht wird oder eine Nahaufnahme auf einen Zettel auf dem die Telefonnummer und das Wort Arzt, Krankenhaus oder ähnliches vermerkt ist, wäre möglich gewesen.

Verwirrend sind die Gesten der dunkelhaarigen Frau die scheinbar gar nicht zu ihrem Text zu passen scheinen, außerdem ist das Alter der Frauen nicht wirklich erkenntlich, wobei die dunkelhaarige Frau entweder gleichaltrig und eine Freundin der anderen Frau oder älter und eine Bekannte, Vertraute, oder ähnliches ist.

Ohne Text wäre dieser Strip nicht zu verstehen, es ist jedoch ein guter Ansatz um potentielle „Kunden" auf sich aufmerksam zu machen.

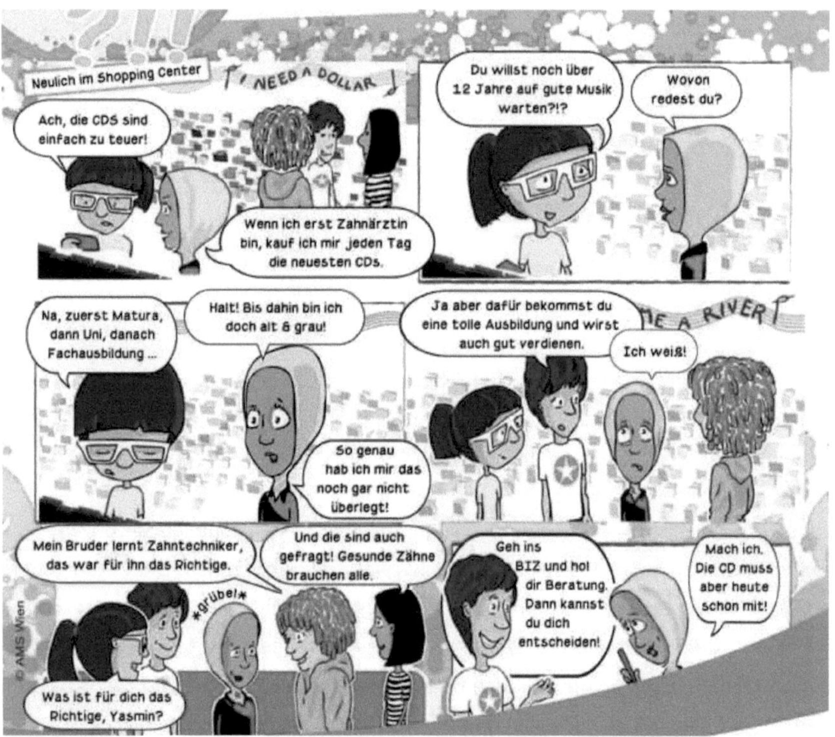

Abbildung 2

Der zweite Comic (Abbildung 2) ist sehr bunt gestaltet und zeigt in sechs Panels wie vier Jugendliche einer anderen Jugendlichen Tipps zu ihrer Berufswahl geben und ihr empfehlen zum BIZ, also zur Berufsberatung, zu gehen. An der Farbgebung ist klar der jugendliche Empfänger erkennbar. Auch das Alter der dargestellten Personen entspricht dem Publikum, welches die Berufsberatung nutzt. Zwar ist auch hier die Geschichte ohne den Text nicht zu verstehen, doch wirkt dieses

„Beratungscomic" sehr viel „comichafter" als das erste Beispiel, da beispielsweise der Text knapper und nicht so voll mit Informationen ist wie im „Aufklärungscomic".

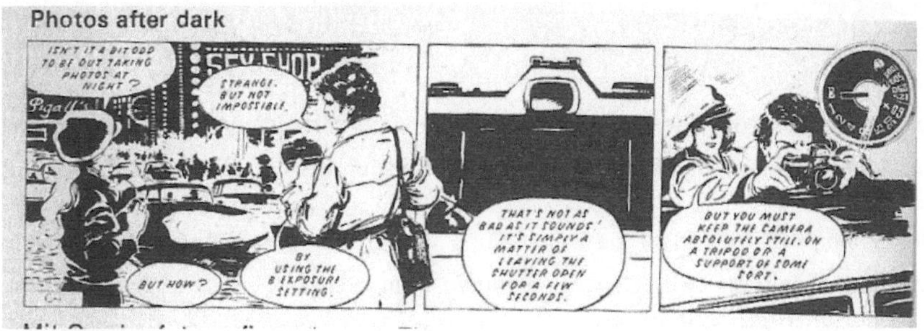

Abbildung 3

Im dritten Comic (Abbildung 3) aus drei Panels erklärt ein Mann einer jungen Frau wie man im Dunklen fotografieren kann. Die Figuren sind relativ ausgestaltet, der Hintergrund hingegen nur angedeutet. Passend zur Thematik, das heißt Hell-Dunkel-Fotografie, ist der Comicstrip schwarz-weiß. Im ersten Bild fragt die Frau und der Mann erklärt was man tun muss, damit man im Dunklen gut fotografieren kann. Im zweiten Bild ist dies genauer anhand der Kamera gezeigt und im dritten Panel sieht man den Mann nun fotografieren, sowie in der rechten oberen Ecke ein Bild wie die Blende eingestellt sein muss, damit die Fotografie gelingt. Diese Beispiel zeigt in gelungener Weise wie ein Comic auch ohne Text funktionieren kann. Derjenige der wissen möchte liest den Text und kann dann seine Kamera anhand der Bilder, ohne den Text noch einmal lesen zu müssen einstellen.

Kommen wir jetzt zum dritten wichtigen Bereich in denen Comics und Bildgeschichten auf die verschiedensten Arten genutzt werden können: Der Unterricht.

Die beiden Bereiche die sich natürlich zu erst anbieten sind Kunst und der Deutschunterricht. In beiden Kontexten sind die Möglichkeiten der Verwendung sehr vielseitig.

Für den Kunstunterricht können prinzipiell alle Comics und Bildgeschichten genutzt werden.

Man kann die Bildstruktur oder den Bildaufbau analysieren, die erzählerische Wirkung aufgrund von Stereotypen und Klischees überprüfen , man kann bildnerisches Denken und ein kritisches Urteil gegenüber der Bildinformation üben, auch kann man über Inhalte und gleiche Handlungsabläufe sprechen oder auch selber Comics malen lassen und diese dann betrachten (vgl. Fuchs/Reitberger, 1978, S. 227f).

Außerdem gibt es aber auch hier wieder Informationscomics die bildnerische Probleme wie die Komposition, Perspektive, Bewegung zeigen und erklären.

Des Weiteren ist natürlich die Behandlung von Lichtenstein interessant der Bilder geschaffen hat die wie Comics anmuten. Ein Beispiel ist sein Bild „WHAM" (Abbildung 4), das sehr an ein Comicpanel erinnert. Tatsächlich hat er dieses Bild aus einem amerikanischem Kriegscomic herausgenommen, wo Bilder wie diese massenhaft in nur geringen Variationen auftreten.

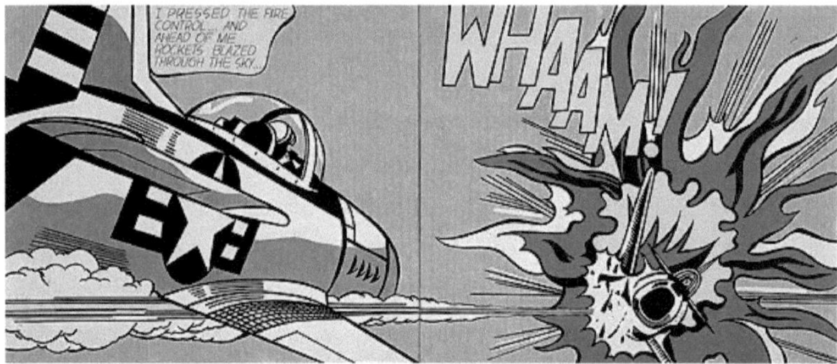

Abbildung 4:

Dadurch das Lichtenstein dieses Bild überdimensional nach malte, macht er es zum Kunstwerk und öffnet das Bild beziehungsweise das Panel erstmals für die Interpretation der Betrachter, die es sonst höchstwahrscheinlich in der Bilderflut eines Comics „überlesen" hätten.

Ohne den Text zu lesen wissen wir genau was passiert ist. Auf der linken Seite sehen wir ein Kampfflugzeug, auf der rechten Seite ein explodierendes Flugzeug. Das explodierende Flugzeug ist umgeben von der typischen „Explosionsflamme" und das Wort „WHAAM!" ist in großer Schrift zu lesen. Somit kann sich der Leser des Comics, beziehungsweise der Betrachter des Bildes die Handlung allein aus der bildnerischen Gestaltung erschließen, die Sprechblase über dem Flugzeug ist quasi nur ein Zusatz, der das Gezeigte nochmal verschriftlicht.

Das Manko in der reinen Betrachtung eines Comics im Kunstunterricht ist, dass dabei lediglich das Augenmerk auf die künstlerische Darstellung gelegt wird und die literarische Komponenten völlig außer Acht gelassen werden.

Die Betrachtung im Deutschunterricht, die dies ergänzt, war zunächst verpönt, da ein Comic nicht zur schönen Literatur gezählt wurde, sondern zunächst als reiner Schund angesehen wurde.

Das hat sich ab den 70er Jahren etwas geändert. Doch leider sind Comic und Bildgeschichten auch heute nicht so im Unterricht vertreten wie sie vielleicht aufgrund ihrer Bedeutung sollten. Aber die straffen Lehrpläne lassen die Betrachtung leider oft nicht zu. Dabei können sie unter anderem helfen Sprachbarrieren abzubauen.

Auch weiterhin gibt es viele Möglichkeiten einen Comic in den Deutschunterricht einzubauen.

In der Unterstufe zum Beispiel wenn Märchen und Sagen behandelt werden, kann man Comics wie beispielsweise „Mummin" als eigenständige Märchen einer anderen Form aufgreifen.

Später kann man dann beispielsweise die Meinungen zu Comics allgemein sammeln, versuchen eine Comicreihe zu charakterisieren, Figuren, Taten, Ideen zu beschreiben oder Erzählstrukturen zu behandeln. Diese Erkenntnisse können dann auf alle anderen Medien übertragen werden.

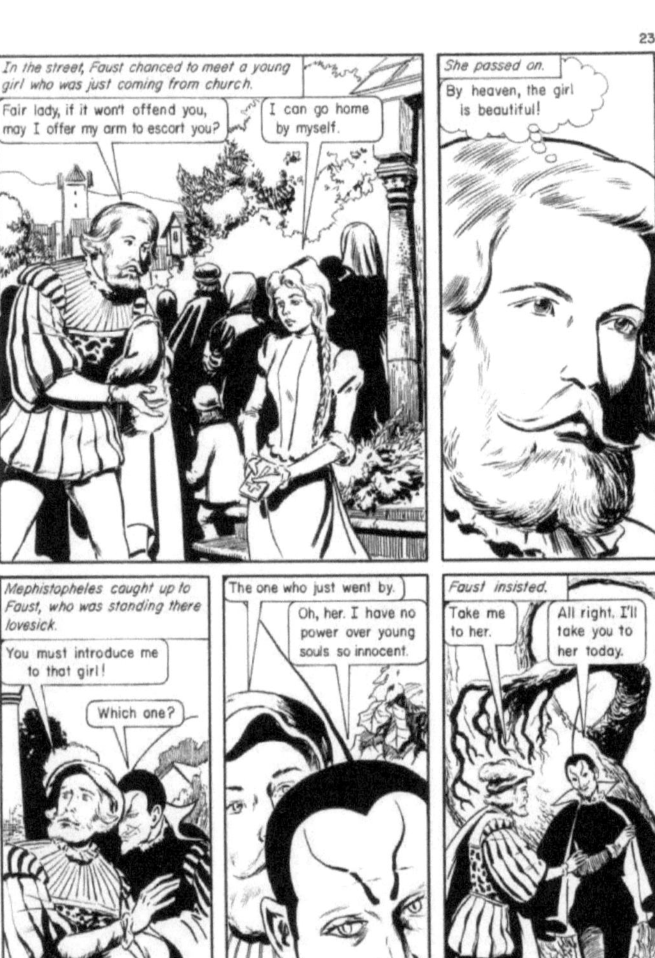

Abbildung 5

Auch kann man Comics nutzen um die Beobachtungsgabe zu testen. Zum Beispiel können die Panels vertauscht, Texte weglassen werden, oder die Schüler können selbst einen Schluss verfassen, wenn man das Ende der Geschichte offen lässt.

Seit vielen Jahren gibt es auch die Versuche bekannte Werke der Literatur in Comicform zu verfassen. Ein besonders skurriles Beispiel ist die Comicfassung von

Goethes Faust (Abbildung 5). Die Sprache ist dabei auf keinen Fall mehr die gleiche wie bei Goethe. Außerdem sehen wir in dem gewählten Beispiel einen jungen Faust.

Man kann beide Werke. Das Original und die Comicfassung vergleichend betrachten und sich so die Geschichte einprägen.

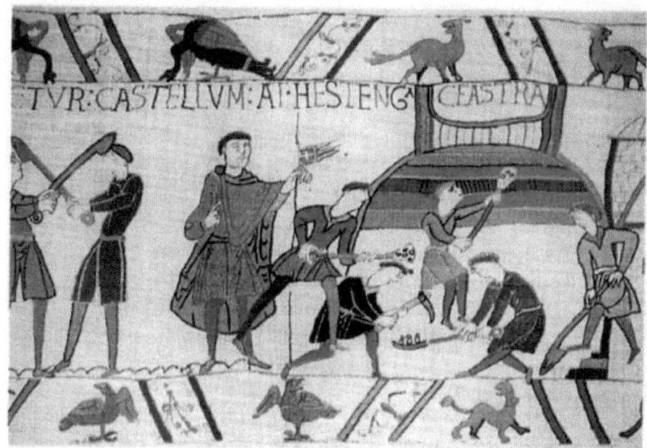

Abbildung 6

Im Geschichtsunterricht kann man ähnlich verfahren. Ein historisches Beispiel für eine Bildgeschichte wie der „Teppich von Bayeux" (Abbildung 6), kann benutzt werden um die erlernten Geschichtskenntnisse zu überprüfen oder es ist möglich anhand von Comics wie „Asterix" oder „Yakari" andere historische Kulturen kennen zu lernen. Die Comics können dann daraufhin überprüft werden wie wirklichkeitsnah die Darstellungen sind und mit „erlernten Darstellungen" verglichen werden.

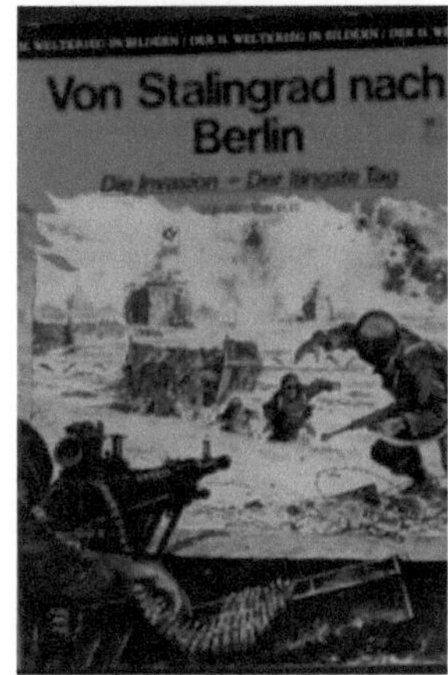

Abbildung 7

Auch die Verarbeitung des Zweiten Weltkriegs in der Comicreihe „Der 2. Weltkrieg in Bildern" (Abbildung 7) regt dazu an. Interessant ist, dass der Comic von einem französischen Zeichner stammt und deshalb möglicherweise die deutschen Soldaten anders dargestellt werden, als sie in einem deutschen Comic dargestellt würden. Auch darüber kann man im Unterricht sprechen.

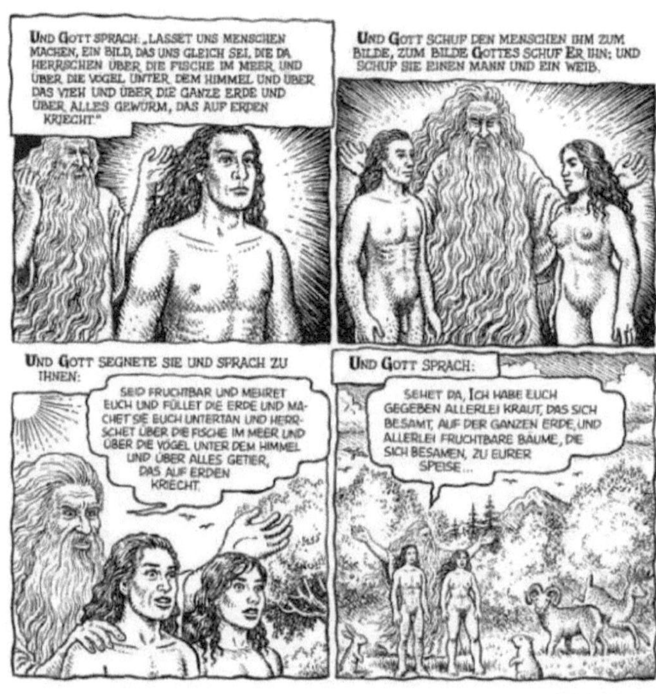

Abbildung 8:

Im Fach Religion bietet sich die Betrachtung eines Bibelcomics an. Ein Beispiel ist die Darstellung der Genesis, die illustriert wurde von Robert Crumb (Abbildung 8), der normalerweise für drastische sexuelle und gewalttätige Darstellungen bekannt ist. Obwohl die Zeichnungen im gewählten Beispiel nicht explizit sexistisch sind gab es große Aufregung seitens etlicher religiöser Menschen, wegen des relativ freien Umgangs mit dem Bibeltext, den der Autor aus mehreren verschiedenen Bibelfassungen zusammengefügt und sprachlich etwas geglättet hatte. Dabei könnte auch durchaus über die archetypische Darstellung der Figuren, vor allem der Figur des zornigen und strafenden Gottes, konstruktiv diskutiert werden.

Ein weiteres Beispiel stammt von der christlichen Internetseite www.kidsweb.org. „Der verlorene Sohn" (Abbildung 9) ist eines von derzeit 26 Bibelcomics für Kinder und Jugendliche auf der Seite.

Als Leser klickt man sich von Panel zu Panel, ähnlich wie man es tut wenn man ein Bilderalbum am PC durchklickt.

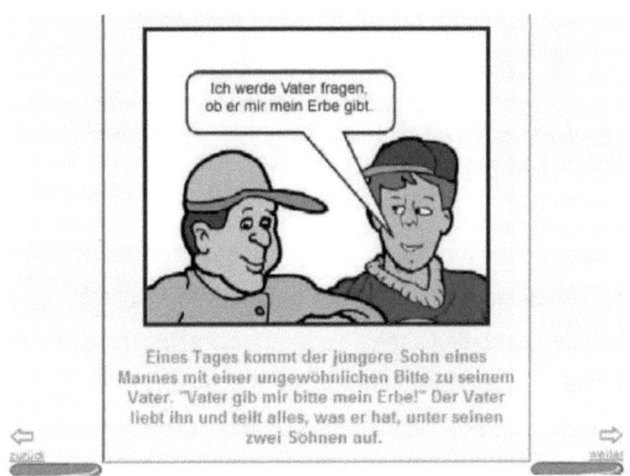

Abbildung 9

An der sehr bunten Darstellung, mit den jungen, auf heutige Zeiten, angepasste Jugendlichen erkennt man klar die Zielgruppe. Auch die Sprache ist an die moderne Sprache angelehnt. Dieses Beispiel zeigt deutlich, wie man die Benutzung eines Comics zur Vermittlung übertreiben kann. Zudem ist dieses Beispiel sehr viel radikaler als es die Darstellung der Genesis von Crumb ist, obwohl sie von einer kirchlichen Einrichtung stammt.

Die Asterixcomics, die für den Geschichtsunterricht bedeutsam sind, sind natürlich vor allem auch für den Fremdsprachenunterricht relevant. Dabei bietet sich in erster Linie der Französisch- und Lateinunterricht an. Die Schüler kennen Asterix, was Vor- und Nachteil sein kann. Ein Nachteil kann sein, dass sie es nicht gern annehmen wenn „ihr Asterix" plötzlich einen andere Sprache spricht, auch wenn es die Originalsprache des Comics ist. Andererseits kann genau das auch der Vorteil sein. Die Schüler kennen vermutlich die deutsche Fassung und können so leichter übersetzen, da sie „ihren Originaltext" kennen.

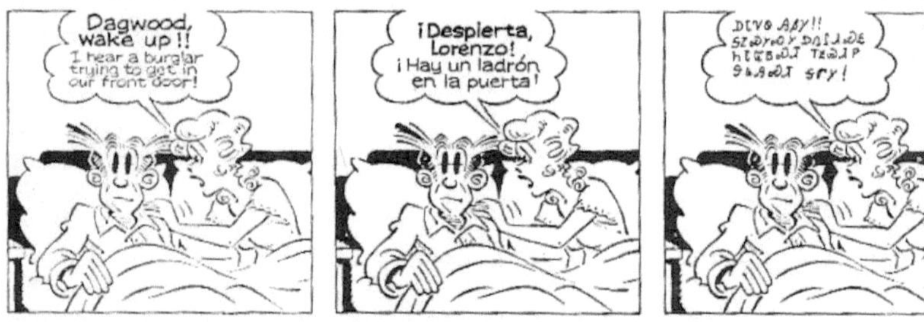

Auf englisch, spanisch, tscherokesisch erfährt der Sprachenlernende bei *Bl die*, daß sich ein Einbrecher an der Tür zu schaffen macht.   Copyright © by K Features Syndicate/Bulls Pressedienst

Abbildung 10

Ein anderes Beispiel, für die Verwendung einer Bildgeschichte zu Sprachvermittlung stammt aus Mittelamerika (Abbildung 10) und wird genutzt um Englisch zu lehren. Um weiteren Anreiz zu schaffen sind die Comics sogar dreisprachig. Dazu kommt die Sprache tscherokesisch. Auf diese Weise vertieft ein tscherokesisch sprechender sein Spanisch und lernt gleichzeitig Englisch. Auch ist der Vorteil, dass man anhand der dargestellten Szene schon in gewissem Maße erraten kann, was in etwa in den Blasen stehen könnte. Dazu kommt beim zweiten Beispiel der Vorteil, dass man Worte die man beispielsweise im Englischen nicht kennt, wahrscheinlich im Spanischen kennt und sich so die Worte erschließen und einprägen kann.

Diese Kombination aus dargestellter Situation und gesprochener Sprache kann den Unterricht beleben. Indem man zum Beispiel die Texte in Gruppen liest. Damit lernt man zugleich die Sprache zu sprechen.

Eine andere Möglichkeit Comics im Sprachunterricht zu verwenden ist, diese eigenhändig zu übersetzen oder gar selbst zu gestalten oder Comicbriefe an ausländische Brieffreunde zu schreiben. Das bringt Spaß und nutzt zugleich.

Die Comicserien „Es war einmal das Leben" oder „Es war einmal der Mensch" sind uns vor allem aus dem Fernsehen bekannt. Doch gibt es beides auch als Buch und dies ist gut geeignet um naturwissenschaftliche Phänomene beziehungsweise den menschlichen Körper einfach darzustellen. Es war einmal der Mensch lässt sich gut auch im Geschichtsunterricht benutzen.

Die regulären naturalistischen Darstellungen von Organen und Vorgängen im menschlichen Körper sind derart komplex, dass sie eher abschrecken als faszinieren oder Spaß machen. Die Darstellung im Comic hingegen lässt die Vorgänge leicht verstehen und auch eventuell eine gewisse Faszination entstehen.

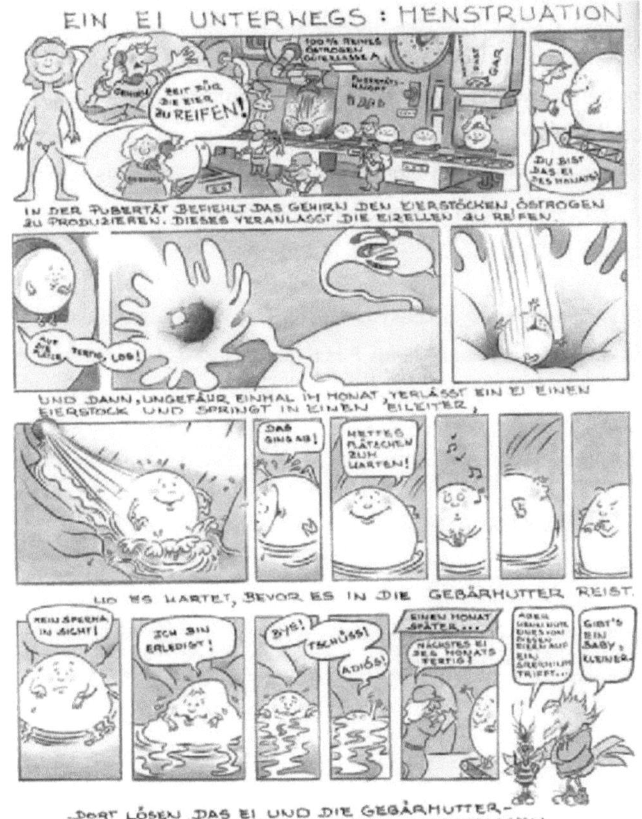

Abbildung 11

Vor allem in der Sexualkunde kommen auch Comicdarstellungen zur Anwendung, da in diesem Fall die Erklärung einfacher ist und die Schüler anhand der zeichnerischen Darstellung nicht so peinlich berührt sind.

Ein Beispiel ist die Erklärung der Menstruation aus dem Comicbuch zum menschlichen Körper „total normal" von Robie Harris (Abbildung 11).

In fast kindlicher Darstellungsweise, wie handgezeichnet wird dem Rezipienten hier das Prinzip des Eisprungs erklärt. Pastellige Farben unterstreichen das kindlich-sanfte Gesamtbild der Darstellung.

Das letzte Beispiel, welches für die didaktische Verwendung im Unterricht gebraucht werden kann, ist „Donald und die Mathemagie" für den Mathematikunterricht.

Es geht in dem Comicheft darum das Donald eine Art Traumreise in die Welt der Zahlen macht und dort in Kontakt mit Algebra, Arithmetik und Geometrie kommt und diese Erkenntnisse die er dort erlangt in der Realität anwendet. Ebenfalls im Heft findet man zwei kurze Comics mit Donald und seinen Neffen, wo jeweils ein „mathematischer Trick" vorgeführt wird.

Die Leser bekommen durch die spielerische Herangehensweise Lust auf Zahlenspiele und entdecken eventuell eine Faszination für Zahlen und ihre Möglichkeiten.

Zusammenfassend kann man sagen das Comics und Bildgeschichten zur

Erziehung, Aufklärung, Motivation, Anregung, Lernkontrolle zum Vergleich und natürlich einfach zum Spaß genutzt werden können.

Quellenangabe:

- Grünewald, Dietrich: Comics. Kitsch oder Kunst? Die Bildgeschichte in Analyse und Unterricht. Ein Handbuch zur Comicdidaktik, Weinheim 1982

- Fuchs, Wolfgang/ Reitberger, Reinhold: Comics-Handbuch, Reinbek bei Hamburg 1978

Abbildungen:

Abb.1:

Fuchs/ Reitberger, 1978, S. 225

Abb.2:

http://derstandard.at/1319181645977/Berufswahl-Aufregung-um-einen-Comic-des-Wiener-AMS?seite=9

Abb.3:

Fuchs/ Reitberger, 1978, S. 226

Abb.4:

Grünewald, 1982, S. 15

Abb.5:

http://pappysgoldenage.blogspot.com/2010_05_01_archive.html

Abb. 6:

http://www.landschaftsmuseum.de/Seiten/Lexikon/Turmhuegel.htm

Abb.7:

http://www.en.zvab.com/basicSearch.do?anyWords=Dupuis+Pierre&ts=dupuis-pierre

Abb. 8:

http://www.tagesspiegel.de/kultur/comics/archetyp-gott-der-suender/1652928.html

Abb. 9:

http://kids-web.org/comics/dersohn/01.htm

Abb. 10:

Fuchs/ Reitberger, 1978, S.224

Abb. 11:

http://www.hausarbeiten.de/faecher/vorschau/80968.html?partner_id=471167